AF131915

Sous les auspices de

l'Université Pour Tous de

l'Artois

Cafir Marava

Initiation à la logique

classique

Tome 2 - Exercices

Édition : BoD – Books on Demand, 12/14 rond-point des Champs-
Élysées, 75008 Paris
Impression : BoD - Books on Demand, Norderstedt, Allemagne
ISBN: 9782322397495
Dépôt légal : Octobre 2021

Préface

Ce petit volume se veut le complément utile de l'Initiation à la logique classique, *Tome 1, auquel il se réfère, et dont il suit exactement la progression.*

Ce qui était présenté de manière théorique dans le premier ouvrage trouve ici son illustration pratique sous la forme d'exercices variés et classés, faits pour s'habituer peu à peu au maniement des règles de la logique des propositions analysées et des propositions inanalysées.

Le Tome 2 résulte de la volonté expresse d'un certain nombre de participants au cours public de logique classique que j'assure dans le cadre de l'Université Pour Tous de l'Artois. Avec une passion véritable et une belle constance, c'est tous ensemble qu'ils ont cherché, inventé, trié, expérimenté de nouveaux exemples de raisonnements, et construit méthodiquement leurs démonstrations ou leurs réfutations. Partiellement compliquées par les deux dernières années de pandémie de covid-19, les séances de travail collectif nous ont régulièrement réunis, d'abord en « présentiel », puis en « virtuel », sans que jamais se relâche la volonté commune de mener cette entreprise à son terme.

Le livre se présente de la façon la plus naturelle possible : les solutions et les justifications figurent en vis à vis des exercices. Ainsi, ceux qui s'entraînent à la logique peuvent, s'ils le souhaitent, cacher d'abord les bonnes réponses pour se laisser le temps de chercher par eux-mêmes.

Le plaisir d'enseigner la logique classique dans des cours destinés à un public aussi disponible ne s'est jamais démenti. Au fil des séances de conception des exercices, ces « étudiants » sont devenus petit à petit des collaborateurs actifs et des amis précieux. Qu'ils soient tous remerciés pour la qualité des heures passées ensemble !

Dominique Catteau
mai 2021

Note importante :

Ce volume doit intégralement son existence et son contenu à :

Thérèse et Jean-Bernard Firmin
Michèle Manach
Bernard Raquet
Philippe Vasseur

Toute la saisie informatique et la délicate mise en page ont été réalisées par Michèle Manach.

Aussi, pour des raisons évidentes, nous sommes convenus de nous appeler collectivement :

Cafir Marava

Première partie

Logique des

propositions analysées

Les quatre types de propositions

Voir *Initiation à la logique classique,* T. 1, p. 26

Exercice 1. *Formuler une proposition A, une E, une I et une O à partir des sujets et prédicats suivants.*

1) nouvelle année / occasion de bonnes résolutions

2) âne / doté d'ailes

3) ministre / incompétent

4) chat /gris

5) marcheur / invalide

Réponses

Exercice 1.

1) A. Toute nouvelle année est l'occasion de bonnes résolutions.
E. Aucune nouvelle année n'est l'occasion de …
I. Une nouvelle année est quelquefois l'occasion de …
O. Toute nouvelle année n'est pas l'occasion de …

2) A. Tous les ânes sont dotés d'ailes.
E. Aucun âne n'est doté d'ailes.
I. Quelques ânes sont dotés d'ailes.
O. Quelques ânes ne sont pas dotés d'ailes.

3) A. Tous les ministres sont incompétents.
E. Aucun ministre n'est incompétent.
I. Quelques ministres sont incompétents.
O. Tous les ministres ne sont pas incompétents.

4) A. Tous les chats sont gris.
E. Aucun chat n'est gris.
I. Quelques chats sont gris.
O. Tous les chats ne sont pas gris.

5) A. Tous les marcheurs sont invalides.
E. Aucun marcheur n'est invalide.
I. Certains marcheurs sont invalides
O. Quelques marcheurs ne sont pas invalides.

6) guerre / joli

7) manifestation / violence

8) film / objet de censure

9) route / balisée

10) week-end / reposant

6) A. Toute guerre est jolie.
E. Aucune guerre n'est jolie.
I. Quelque guerre est jolie.
O. *Quelque guerre n'est pas jolie.[1]

7) A. Toutes les manifestations engendrent des violences.
E. Aucune manifestation n'engendre des violences.
I. Quelques manifestations engendrent des violences.
O. Certaines manifestations n'engendrent pas de....

8) A. Tous les films sont objets de censure.
E. Aucun film n'est objet de censure.
I. Quelques films sont objets de censure.
O. Quelques films ne sont pas objets de censure.

9) A. Toutes les routes sont balisées.
E. Aucune route n'est balisée.
I. Il y a des routes qui sont balisées.
O. Les routes ne sont pas toujours balisées.

10) A. Tout week-end est reposant.
E. Aucun week-end n'est reposant.
I. *Certain week-end est reposant.
O. Quelques week-ends ne sont pas reposants.

---

[1] L'astérisque au début signale que la phrase est correcte sur le plan logique mais inusitée en français.

Exercice 2. *Identifier les propositions données.*

1) Des moutons sont noirs.

2) Chaque enfant est éducable.

3) Aucune revendication n'aboutit sans mouvement de grève.

4) Tous les hommes ne sont pas égaux.

5) « L'homme est un roseau pensant » (d'après Pascal).

6) « La raison du plus fort est toujours la meilleure. » (La Fontaine).

7) « Une orange écorchée crie plus qu'un soleil. » (C. Bobin)

8) « On n'est jamais si malheureux qu'on croit, ni si heureux qu'on l'avait espéré. »   (La Rochefoucauld)

9) « Peu de gens comprennent qu'il y a un refus qui n'a rien de commun avec le renoncement. » (Camus)

10) « Faire alliance avec un homme puissant n'est jamais sûr ». (Phèdre)

11) « Toutes tes peintures ne me plaisent pas » (C. Bobin au peintre P. Soulages)

12) Certains remèdes sont pires que le mal.

Exercice 2

1) I

2) A

3) E

4) O

5) A

6) A

7) A

8) E

9) I

10) E

11) O

12) I

Les jugements opposés

Voir *Initiation à la logique classique,* T. 1, p. 27-31

Exercice 1. *Trouver, <u>lorsque c'est possible,</u> la* **contraire** *des propositions de l'exercice précédent.*

Réponses

Exercice 1 :

C'est possible pour les propositions A : 2, 5, 6, 7.
2) Aucun enfant n'est éducable.
5) L'homme n'est pas un roseau pensant.
6) La raison du plus fort n'est jamais la meilleure.
7) Aucune orange écorchée ne crie plus qu'un soleil.

et pour les E : 3, 8, 10.
3) Toutes les revendications aboutissent sans mouvements de grève.
8) On est toujours aussi malheureux qu'on croit, et aussi heureux qu'on avait espéré.
10) Faire alliance avec un homme puissant est toujours sûr.

Exercice 2. *Même exercice avec la* **contradictoire.**

Exercice 2.

1) Aucun mouton n'est noir.
2) Quelques enfants ne sont pas éducables.
3) Quelques revendications aboutissent sans mouvements de grève.
4) Tous les hommes sont égaux.
5) Quelques hommes ne sont pas des roseaux pensants.
6) Quelquefois la raison du plus fort n'est pas la meilleure.
7) Quelques oranges écorchées ne crient pas plus que le soleil.
8) On est quelquefois aussi malheureux qu'on croit, ou aussi heureux qu'on l'avait espéré.
9) Personne ne comprend qu'il y a un refus qui n'a rien de commun avec le renoncement.
10) Faire alliance avec un homme puissant est quelquefois sûr.
11) Toutes tes peintures me plaisent.
12) Aucun remède n'est pire que le mal.

Exercice 3. *Même exercice, <u>lorsque c'est possible,</u> avec la* **subcontraire.**

Exercice 4. *Même exercice, <u>lorsque c'est possible,</u> avec la* **subalternée.**

Exercice 3.

C'est possible pour les propositions I : 1, 9, 12,

1) Des moutons ne sont pas noirs.

9) Peu de gens ne comprennent pas qu'il y a un refus qui n'a rien de commun avec le renoncement.

12) Quelques remèdes ne sont pas pires que le mal.

et pour les O : 4, 11.

4) Quelques hommes sont égaux.

11) Quelques-unes de tes peintures me plaisent.

Exercice 4.

C'est possible pour les propositions A : 2, 5, 6, 7,

2) Quelques enfants sont éducables.

5) Quelques hommes sont des roseaux pensants.

6) La raison du plus fort est quelquefois la meilleure.

7) Quelques oranges écorchées crient plus que le soleil.

et pour les E : 3, 8, 10.

3) Quelques revendications n'aboutissent pas sans mouvements de grève.

8) On n'est pas toujours si malheureux qu'on croit, ni si heureux qu'on l'avait espéré.

10) Quelquefois faire alliance avec un homme puissant n'est pas sûr.

Exercice 5. *Même exercice, <u>lorsque c'est possible</u>, avec la* **subalternante.**

Exercice 6. *Trouver la ou les propositions demandée(s).*

1) La *subalternée de :* « Quiconque nourrit un homme est son maître. » (J. London)
2) La *contraire* de : « Ton noir est un appel à la résistance. » (C. Bobin à P. Soulages)
3) La *contradictoire* de : On ne devient musicien qu'en apprenant à lire les notes et à jouer d'un instrument. = on devient musicien seulement si...
4) La *subalternante* de : Quelques rêves ne sont pas demandeurs de notre avis.
5) *La subcontraire* de : Quelques quartiers de Paris sont magnifiques.
6) *La subalternée de* : Aucun otage n'a été libéré.
7*) La contradictoire de* : « Un savoir multiple n'enseigne pas la sagesse. » (Héraclite)
8) *La subalternante de* : Quelques films sont censurés.

Exercice 5.

C'est possible pour les propositions I : 1, 9, 12,
1) Tous les moutons sont noirs.
9) Tout le monde comprend qu'il y a un refus qui n'a rien de commun avec le renoncement.
12) Tous les remèdes sont pires que le mal.

et pour les O : 4 et 11.
4) Aucun homme n'est égal [à un autre].
11) Aucune de tes peintures ne me plaît.

Exercice 6.

1) Quelques personnes qui nourrissent un homme sont ses maîtres.
2) Ton noir n'est pas un appel à la résistance.
3) Quelques-uns ne deviennent pas musiciens en apprenant à lire les notes et à jouer d'un instrument.
4) Aucun rêve n'est demandeur de notre avis.
5) Tous les quartiers de Paris ne sont pas magnifiques.
6) Quelques otages n'ont pas été libérés.
7) Certains savoirs multiples enseignent la sagesse.
8) Tous les films sont censurés.

Exercice 7. *Même exercice.*

1) La *subcontraire de la subalternée* de : « Les lois mathématiques qui reflètent la réalité ne sont pas certaines. » (Einstein)

2) La *subcontraire de la contradictoire* de : « L'erreur est une pensée fausse. » (Comte-Sponville)

3) La *subalternée de la contraire* de : « Le peuple, au plus ardent de sa colère, est pareil à un feu trop vif pour être éteint. » (Euripide)

4) La *subalternante de la subcontraire* de : Tout ce que dit Dominique n'est pas vrai.

5) La *subalternée de la contradictoire* de : La santé est quelquefois un bien précieux.

Exercice 8. *Même exercice.*

1) *La subalternée de la contraire de la contradictoire* de : « Il est des parfums frais comme des chairs d'enfants. » (Baudelaire)

2) La *subalternée de la contraire de la subalternante de :* « Tout n'avait pas été créé pour le regard de l'homme. » (S. Tesson)

3) La s*ubalternante de la subcontraire de la subalternée* de : « Personne n'emporte aux Enfers ses richesses superflues. » (Théognis)

4) La *subcontraire de la subalternée de la contraire* de : « L'Art est la plus belle voie d'accès au monde. » (E. Macron)

5) La *contraire de la contradictoire de la subcontraire* de : « Cette bonne nouvelle était ma jouvence. » (S. Tesson)

Exercice 7.

1) Quelques lois mathématiques qui reflètent la réalité sont certaines.
2) Quelques erreurs sont des pensées fausses.
3) Le peuple, au plus ardent de sa colère, n'est pas toujours pareil à un feu trop vif pour être éteint.
4) Tout ce que dit Dominique est vrai.
5) La santé n'est pas toujours un bien précieux.

Exercice 8.

1) Il est des parfums frais comme des chairs d'enfants.
2) Certaines choses avaient été créées pour le regard de l'homme.
3) Tout le monde emporte aux Enfers ses richesses superflues.
4) Quelquefois l'Art est la plus belle voie d'accès au monde.
5) Aucune bonne nouvelle n'était ma jouvence.

Les inférences immédiates

Voir *Initiation à la logique classique,* T. 1, p 32-34

Exercice
Que peut-on inférer de vrai ou de faux à partir des propositions suivantes selon qu'elles sont considérées comme vraies ou fausses ?

1) Toutes les tempêtes sont des vents violents.

2) Toutes les vérités ne sont pas bonnes à dire.

Réponses

1) Toutes les tempêtes sont des vents violents. A
- *Si elle est vraie, que peut-on inférer de vrai ?*
La subalternée est vraie. Quelques tempêtes sont des vents violents. I
- *Si elle est vraie, que peut-on inférer de faux ?*
La contraire est fausse. Aucune tempête n'est un vent violent. E
La contradictoire est fausse. Toutes les tempêtes ne sont pas des vents violents. O

- *Si elle est fausse, que peut-on inférer de vrai ?*
La contradictoire est vraie. Toutes les tempêtes ne sont pas des vents violents. O
- *Si elle est fausse*, q*ue peut-on inférer de faux ?* Rien.

2) Toutes les vérités ne sont pas bonnes à dire. O
- *Si elle est vraie, que peut-on inférer de vrai ?* Rien.
- *Si elle est vraie, que peut-on inférer de faux ?*
La contradictoire est fausse. Toutes les vérités sont bonnes à dire. A

- *Si elle est fausse, que peut-on inférer de vrai ?*
La subcontraire est vraie. Quelques vérités sont bonnes à dire. I
La contradictoire est vraie. Toutes les vérités sont bonnes à dire / toute vérité est bonne à dire.
- *Si elle est fausse, que peut-on inférer de faux ?*
La subalternante est fausse. Aucune vérité n'est bonne à dire. E

3) Quelques exercices de logique décoiffent.

4) Aucun légume ne doit être consommé quotidiennement.

3) Quelques exercices de logique décoiffent. I
- Si elle est vraie, que peut-on inférer de vrai ? Rien.
- Si elle est vraie, que peut-on inférer de faux ?
La contradictoire est fausse. Aucun exercice de logique ne décoiffe. E

- Si elle est fausse, que peut-on inférer de vrai ?
La contradictoire est vraie. Aucun exercice de logique ne décoiffe. E
La subcontraire est vraie. Quelques exercices de logique ne décoiffent pas. O
- Si elle est fausse, que peut-on inférer de faux ?
La subalternante est fausse. Tous les exercices de logique décoiffent. A

4) Aucun légume ne doit être consommé quotidiennement. E

- Si elle est vraie, que peut-on inférer de vrai ?
La subalternée est vraie. Tous les légumes ne doivent pas être consommés quotidiennement. O
- Si elle est vraie, que peut-on inférer de faux ?
La contradictoire est fausse. Quelques légumes doivent être consommés quotidiennement. I
La contraire est fausse. Tous les légumes doivent être consommés quotidiennement. A

- Si elle est fausse, que peut-on inférer de vrai ?
La contradictoire est vraie. Quelques légumes doivent être consommés quotidiennement. I
- Si elle est fausse, que peut-on inférer de faux ? Rien.

Les propositions équivalentes

Voir *Initiation à la logique classique*, T. 1, p 35-38

Exercice 1. *Formuler la proposition obverse des propositions suivantes :*
1) Nul homme n'est prophète en son pays.
2) Toutes les poules n'ont pas de dents.
3) Tous les dieux sont immortels.
4) Quelques Gaulois sont chauves.
5) Tous les hommes sont mortels.
6) Rêver ne fait pas de mal.
7) On ne peut pas être sans crainte quand on inspire la crainte (Épicure).
8) Aucun homme ne commet jamais d'erreur.

Exercice 2. *Formuler la proposition converse des propositions suivantes :*

1) Une rose d'automne est plus qu'une autre exquise. (A. d'Aubigné)

Réponses

Exercice 1

1) Tout homme est non-prophète en son pays.
2) Quelques poules sont sans dents.
3) Aucun dieu n'est mortel.
4) Quelques Gaulois ne sont pas chevelus.
5) Aucun homme n'est immortel.
6) *Rêver fait non mal.
7) On est forcément craintif quand on inspire la crainte. On ne peut être sans crainte quand...
8) Tous les hommes commettent des erreurs.

Exercice 2.

1) Une rose d'automne est plus qu'une autre exquise.
Proposition A. Conversion par accident.
Quelques-unes des roses plus exquises que les autres sont les roses d'automne.

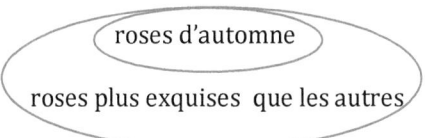

2) Aucune poule n'est carnivore.

3) Aucune précaution n'est nécessaire.

4) Quelques espèces animales sont protégées.

2) Aucune poule n'est carnivore. Proposition E.
Conversion simple : Aucun carnivore n'est une poule.

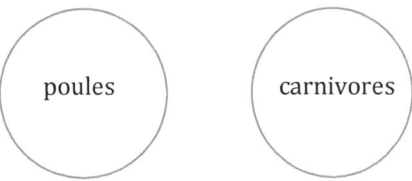

3) Aucune précaution n'est nécessaire. Proposition E.

Conversion simple :
Aucune des choses nécessaires n'est une précaution.

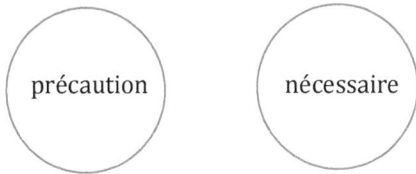

4) Quelques espèces animales sont protégées. Proposition I.
Conversion simple :
Quelques espèces protégées sont des espèces animales.

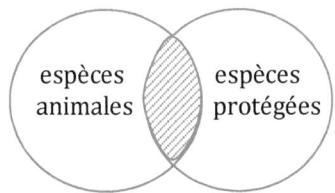

31

5) La colère est une courte folie (Horace).

6) Quelques fleurs ne sont pas des plantes odorantes.

5) La colère est une courte folie. Proposition A.
Conversion par accident : Quelque courte folie est une colère.

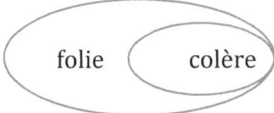

6) Quelques fleurs ne sont pas des plantes odorantes.

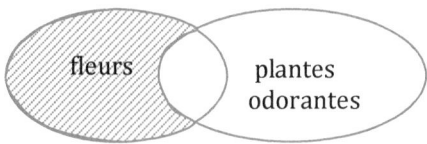

Proposition O.
Une conversion simple (Quelques plantes odorantes ne sont pas des fleurs) serait une erreur, comme on le voit en comparant le schéma ci-dessus et le schéma ci-dessous.

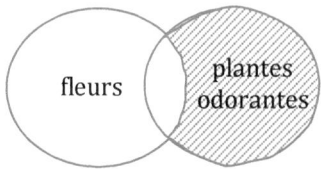

Contraposition (obversion + conversion)
Obversion : Quelques fleurs sont des plantes non odorantes.
Conversion simple : Quelques plantes non odorantes sont des fleurs. (= 1er schéma)

33

7) Quelques ministres du gouvernement ne sont pas innocents.

7) Quelques ministres du gouvernement ne sont pas innocents

Proposition O.

Contraposition.

Obversion : Quelques ministres du gouvernement sont coupables. (= non innocents) Conversion : Quelques coupables sont ministres du gouvernement.

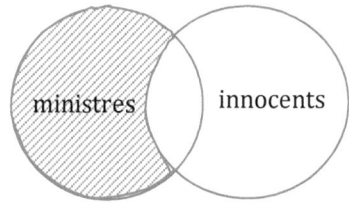

Le syllogisme catégorique

Voir *Initiation à la logique classique*, T. 1, p. 40-48

Exercice 1. *Fabriquer des syllogismes en A A A selon les quatre figures. Si ce n'est pas possible, expliquer pourquoi.*

> T : arracheurs de dents
> t : menteurs
> M : dentistes

4ème figure :

Réponses

Exercice 1

4ème figure : T-M
            M-t   Prae-sub

Tous les arracheurs de dents sont dentistes,
Or tous les dentistes sont des menteurs,
Donc tous les menteurs sont des arracheurs de dents.

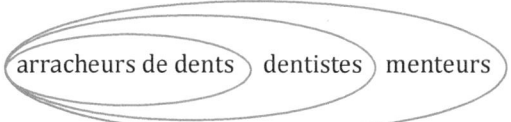

Le t, menteurs, *est utilisé particulièrement dans la mineure et universellement dans la conclusion.*
Règle n°2, T 1, p. 44 : les termes ne doivent pas recevoir dans la conclusion une quantité plus grande que dans les prémisses.
Il n'existe donc pas de syllogisme en A A A de la 4ème figure.

3ᵉᵐᵉ **figure :**

3ᵉᵐᵉ *figure* : M-T
               M-t   Sub-sub

Tous les dentistes sont des arracheurs de dents,
Or tous les dentistes sont des menteurs,
Donc tous les menteurs sont des arracheurs de dents.

Le t, menteurs, *est utilisé particulièrement dans la mineure et universellement dans la conclusion.*
Règle n°2, p 44 : les termes ne doivent pas recevoir dans la conclusion une quantité plus grande que dans les prémisses.
Il n'existe donc pas de syllogisme en A A A de la 3ᵉᵐᵉ figure.

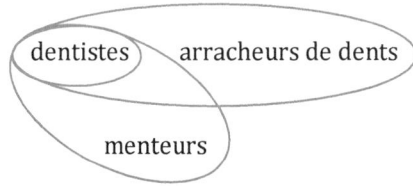

2ème figure :

1ère figure :

2ème *figure* : T-M
               t-M   Prae-prae

Tous les arracheurs de dents sont dentistes,
Or tous les menteurs sont dentistes,
Donc tous les menteurs sont des arracheurs de dents.

Le M, dentistes*, est pris particulièrement dans les deux prémisses. Aucune conclusion possible.*
Règle n° 4, p 44. Il faut que le moyen terme soit pris au moins une fois universellement dans les prémisses.
Il n'existe donc pas de syllogisme en A A A de la 2ème figure.

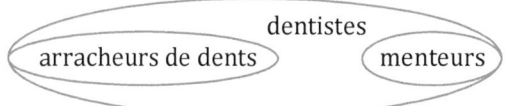

1ère *figure* : M-T
               t-M   Sub-prae

Tous les dentistes sont des arracheurs de dents,
Or tous les menteurs sont dentistes,
Donc tous les menteurs sont des arracheurs de dents.

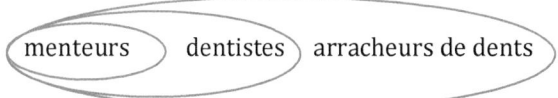

La combinaison A A A n'est valide que sous la 1ère figure en mode barbara*.*

Exercice 2. *Fabriquer avec les termes suivants des syllogismes relevant du mode donné.*

    T : Artésiens
    t : mécontents
    M : confinés pour le week-end

Celarent

Festino

Exercice 2

Celarent :   1ère figure   M-T

                                   t-M   Sub-prae

Aucun confiné le weekend n'est Artésien,
Or tous les mécontents sont confinés le week-end,
Donc aucun mécontent n'est Artésien.

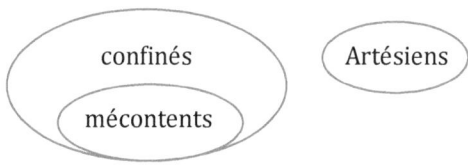

Festino :   2ème figure   T-M

                                   t-M   Prae-prae

Aucun Artésien n'est confiné le weekend,
Or quelques mécontents sont confinés le week-end,
Donc quelques mécontents ne sont pas Artésiens.

Disamis

Fesapo

Disamis :   3ème figure   M-T
                                         M-t   Sub-sub

Quelques confinés le weekend sont Artésiens,
Or tous les confinés le week-end sont mécontents,
Donc quelques mécontents sont Artésiens.

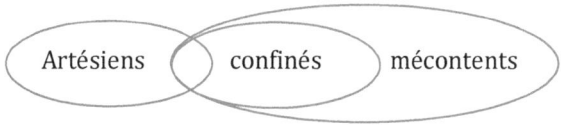

Fesapo :   4ème figure   T-M
                                        M-t   Prae-sub

Aucun Artésien n'est confiné le weekend,
Or tous les confinés le week-end sont mécontents,
Donc quelques mécontents ne sont pas Artésiens.

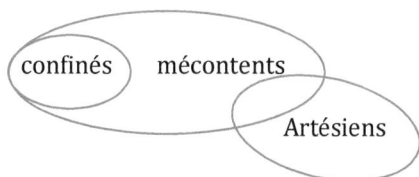

Exercice 3. *Trouver la mineure manquante, et donner la figure et le mode du syllogisme obtenu. Dans certains cas, deux syllogismes sont possibles. Si aucune réponse n'est possible, expliquer pourquoi.*

1) Aucun félidé n'est méchant,
Or ....
Donc aucun chat n'est méchant.

2) Nul homme ne peut se quitter soi-même,
Or..
Il y a donc des ennemis que l'on ne saurait quitter.

Exercice 3

1) Aucun félidé n'est méchant, E
Or tous les chats sont des félidés, A
Donc aucun chat n'est méchant. E

Celarent, 1ère figure, sub-prae.

2) Nul homme ne peut se quitter soi-même, E
Or ....
Il y a donc des ennemis que l'on ne saurait quitter. O

Cette formulation doit être récusée car elle comporte 4 termes et non 3.
1- T : ceux qui se quittent eux-mêmes
2- t : ennemis
3- M : hommes
4- ceux qu'on ne saurait quitter

3) Toutes les volailles ne volent pas,
Or...
Donc il y a des oiseaux qui ne volent pas.

4) Tous les marathoniens sont fatigués après avoir couru,
Or...
Donc quelques coureurs de fond sont fatigués après avoir couru.

3) Quelques volailles ne volent pas, O
Or toutes les volailles sont des oiseaux, A
Donc quelques oiseaux ne volent pas. O

Bocardo, 3ème figure, sub-sub

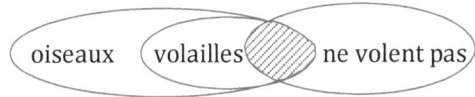

4) Tous les marathoniens sont fatigués après avoir couru, A
Or quelques coureurs de fond sont des marathoniens, I
Donc quelques coureurs de fond sont fatigués après avoir couru. I

Darii, 1ère figure, sub-prae.

Ou bien :

Tous les marathoniens sont fatigués après avoir couru. A
Or tous les marathoniens sont des coureurs de fond. A
Donc quelques coureurs de fond sont fatigués après avoir couru. I

5) Aucun malfrat n'est vertueux,
Or..
Donc il y a des personnes qui ne sont pas vertueuses.

Darapti, 3ème figure, sub-sub.

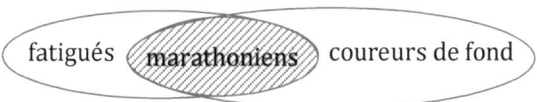

5) Aucun malfrat n'est vertueux, E
Or quelques personnes sont des malfrats, I
Donc quelques personnes ne sont pas vertueuses. O

Ferio, 1ère figure, sub-prae.

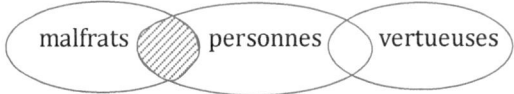

Exercice 4 : *Même exercice avec la majeure.*

1) ....
Or les lampes sont plus évoluées que les torches,
Donc quelques éclairages plus évolués que les torches
sont mauvais.

2) ....
Or tous les chats domestiques sont castrés,
Donc certains chats castrés ne sont pas calmes.

Exercice 4

1) Quelques lampes sont de mauvais éclairages, I
Or toutes les lampes sont plus évoluées que les torches, A
Donc quelques éclairages plus évolués que les torches sont mauvais. I

Disamis, 3ème figure, sub-sub

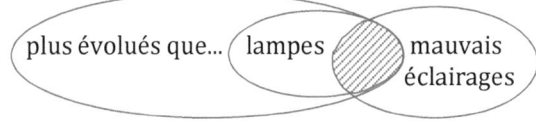

2) Quelques chats domestiques ne sont pas calmes, O
Or tous les chats domestiques sont castrés, A
Donc certains chats castrés ne sont pas calmes. O

Bocardo, 3ème figure, sub-sub

Ou bien :

Aucun chat domestique n'est calme, E
Or tous les chats domestiques sont castrés, A
Donc quelques chats castrés ne sont pas calmes. O

3) ....
Or les ornithorynques pondent des œufs,
Donc il y a des mammifères qui pondent des œufs.

Felapton, 3ème figure, sub-sub.

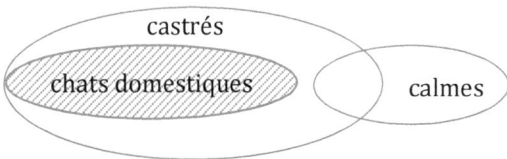

3)...
Or les ornithorynques pondent des œufs, A
Donc il y a des mammifères qui pondent des œufs. I

Aucun syllogisme valide ne peut être formulé car ce qui est donné comme la mineure est en fait la majeure : « pondent des œufs » est le T, prédicat dans la conclusion.

4) ....
Or tout homme de bien est croyable,
Aucun homme de bien n'est menteur.

4) Aucun menteur n'est croyable, E
Or tout homme de bien est croyable, A
Aucun homme de bien n'est menteur. E

Cesare, 2ème figure, prae-prae

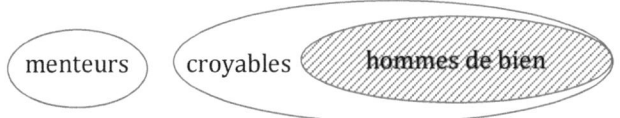

Ou bien :

Aucun individu croyable n'est menteur, E
Or tout homme de bien est croyable, A
Aucun homme de bien n'est menteur. E

Celarent, 1ère figure, sub-prae.

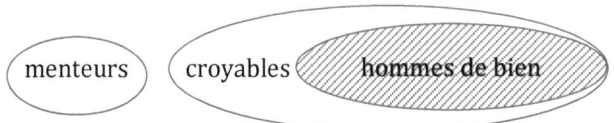

5) ....
Or quelques punks sont musiciens,
Quelques musiciens ne sont pas violonistes.

5) Aucun punk n'est violoniste, E
Or quelques punks sont musiciens, I
Donc quelques musiciens ne sont pas violonistes. O

Ferison, 3ème figure, sub-sub.

Ou bien :

Aucun violoniste n'est punk, E
Or quelques punks sont musiciens, I
Donc quelques musiciens ne sont pas violonistes. O

Fresison, 4ème figure, prae-sub

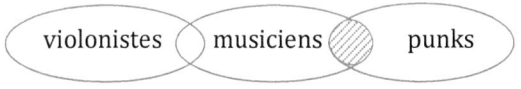

Démonstration des syllogismes

Voir *Initiation à la logique classique,* T. 1, p. 49-52

Exercice
- *T : gens avisés*
- *t : logiciens*
- *M : friands de gaufres*

En utilisant les termes ci-dessus, fabriquer et démontrer les modes suivants :
1) *Camestres, 2ème figure*
2) *Darapti, 3ème figure*
3) *Dimatis, 4ème figure*

1) *Camestres, 2ème figure*

Réponses

1) Camestres, 2ème figure, prae-prae

Tous les gens avisés sont friands de gaufres, A
Or aucun logicien n'est friand de gaufres, E
Donc aucun logicien n'est une personne avisée. E

Démonstration :
Le c de camestres indique le mode de la 1ère figure auquel il faut parvenir : celarent.
Le m demande la permutation des prémisses.
Les deux s demandent la conversion simple de la lettre qui les précède : la mineure et la conclusion.

Conversion simple de la mineure :
Aucune personne friande de gaufres n'est un logicien
Conversion simple de la conclusion :
Aucune personne avisée n'est un logicien.

Celarent :
Aucune personne friande de gaufres n'est un logicien,
Or tous les gens avisés sont friands de gaufres,
Donc aucune personne avisée n'est un logicien.

2) Darapti, 3ème figure

2) Darapti, 3ème figure, sub-sub

Tous les gens friands de gaufres sont des gens avisés,
A
Or tous les gens friands de gaufres sont des logiciens,
A
Donc quelques logiciens sont des gens avisés. I

Démonstration :
Le d de darapti indique le mode de la 1ère figure auquel il faut parvenir : darii.
Le p indique la conversion par accident de la lettre qui précède, ici la mineure.

Conversion par accident de la mineure :
Quelques logiciens sont friands de gaufres

Darii :
Tous les gens friands de gaufres sont des gens avisés,
Or quelques logiciens sont friands de gaufres,
Donc quelques logiciens sont des gens avisés.

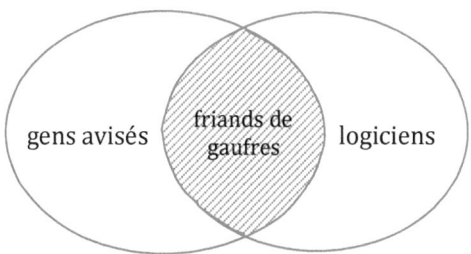

3) Dimatis, 4ème figure

3) *Dimatis*, *4ᵉᵐᵉ figure*, prae-sub

Quelques gens avisés sont friands de gaufres, I
Or tous les gens friands de gaufres sont des logiciens, A
Donc quelques logiciens sont des gens avisés. I

Démonstration :
Le d de dimatis indique le mode de la 1ᵉʳᵉ figure auquel il faut parvenir : darii.
Le m demande la permutation des prémisses.
Le s final demande la conversion simple de la conclusion.

Darii :
Tous les gens friands de gaufres sont des logiciens,
Or quelques gens avisés sont friands de gaufres,
Donc quelques gens avisés sont des logiciens.

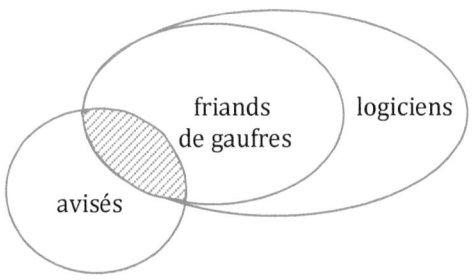

Démonstration du baroco

Voir *Initiation à la logique classique,* T. 1, p. 53-58

Exercice
    Avec les termes suivants, construire un syllogisme en baroco et un syllogisme en bocardo, et en faire la démonstration :

T : profs de physique
t : chercheur japonais
M : scientifiques

Baroco

Réponses

Baroco, 2ème figure, prae-prae

Tous les profs de physique sont des scientifiques, A
Quelques chercheurs japonais ne sont pas des scientifiques, O
Donc quelques chercheurs japonais ne sont pas profs de physique. O

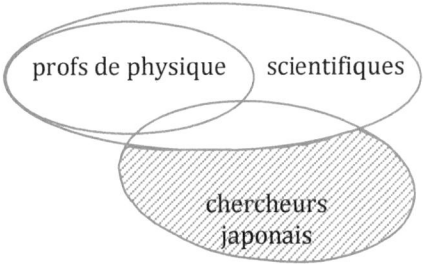

La lettre c indique que la démonstration du syllogisme ne peut se faire que par la contradiction.
Pour cela, on formule la contradictoire de la conclusion : si un contradicteur refuse la conclusion du baroco, il est obligé d'admettre sa contradictoire.

Contradictoire de la conclusion :
Tous les chercheurs japonais sont des profs de physique.

Baroco

On construit un syllogisme en barbara en gardant la même majeure, et en utilisant comme mineure la contradictoire de la conclusion, énoncée ci-dessus :

Tous les profs de physique sont des scientifiques,
Or tous les chercheurs japonais sont des profs de physique,
Donc tous les chercheurs japonais sont des scientifiques.

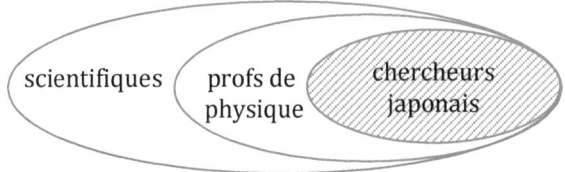

On ne peut admettre à la fois la conclusion de ce barbara et la mineure du baroco initial, car elles sont contradictoires.
Ainsi démontré, le baroco ne peut être refusé.

Bocardo

Bocardo, 3ème figure, sub-sub.

Quelques scientifiques ne sont pas des profs de physique, O
Or tous les scientifiques sont des chercheurs japonais, A
Donc quelques chercheurs japonais ne sont pas des profs de physique. O

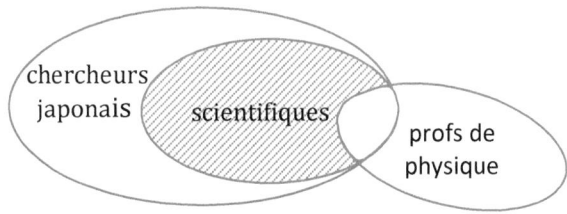

Même démarche que pour la démonstration du baroco.

Contradictoire de la conclusion :
Tous les chercheurs japonais sont des profs de physique.

Syllogisme en barbara utilisant cette contradictoire de la conclusion comme majeure :
Tous les chercheurs japonais sont des profs de physique,
Or tous les scientifiques sont des chercheurs japonais,
Donc tous les scientifiques sont des profs de physique.

Bocardo

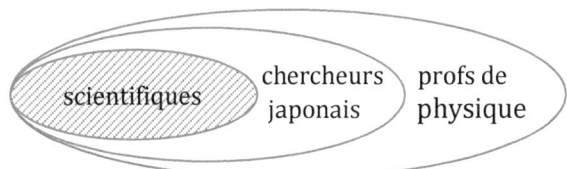

On ne peut admettre à la fois la conclusion de ce barbara et la majeure du bocardo initial, car elles sont contradictoires.

Ainsi démontré, le bocardo ne peut être refusé.

Deuxième partie

Logique des

propositions inanalysées

Proposition ou jugement hypothétique

Voir *Initiation à la logique classique*, T. 1, p. 60-67

Exercice

1- Formuler une proposition conjonctive avec les deux énoncés suivants (Voir p. 61-62) :
- Albert est un brave homme
- Albert est diplômé d'état

2 – Formuler une proposition disjonctive stricte avec les deux énoncés suivants (Voir p. 63-64) :
- Albert est innocent
- Albert est coupable

3 – Formuler une proposition disjonctive large avec les deux énoncés suivants (Voir p. 63-64) :
- Albert est innocent
- Albert est responsable

4- Formuler une proposition conditionnelle avec les deux énoncés suivants (Voir p. 65) :
- Albert est innocent
- Albert doit être acquitté

Réponses

1- Albert est un brave homme et il est diplômé d'État.

p	Λ	q
v	V	v
v	F	f
f	F	v
f	F	f

2- Albert est innocent ou il est coupable, et non pas les deux.

p	W	q
v	F	v
v	V	f
f	V	v
f	F	f

3- Albert est innocent ou il est responsable, ou les deux.

p	V	q
v	V	v
v	V	f
f	V	v
f	F	f

4- Si Albert est innocent, alors il doit être acquitté.

p	→	q
v	V	v
v	F	f
f	V	v
f	V	f

Le syllogisme hypothétique

Voir *Initiation à la Logique classique,* T. 1, p. 69

Le syllogisme conjonctif

Voir *Initiation à la Logique classique,* T. 1, p. 70-73

Exercice 1. *Tirer la conclusion valide des deux prémisses suivantes.*
- On ne peut pas travailler sérieusement et écouter la radio
- Or Jules écoute la radio

Exercice 2. *Dire si les syllogismes suivants sont vrais ou faux.*

1- Il est possible d'être diplômé d'État et néanmoins un brave homme,
Or Albert est diplômé d'État,
Donc il est possible qu'il soit un brave homme.

Réponses

Exercice 1.

On ne peut pas travailler sérieusement et écouter la radio,

Or Jules écoute la radio,

Donc il ne travaille pas sérieusement.

$[(p$	Λ	$\overline{q)}$	Λ	$q]$	$\rightarrow$	$\overline{p}$
v	f	v	f	v	**V**	f
v	v	f	f	f	**V**	f
f	v	v	v	v	**V**	v
f	v	f	f	f	**V**	v

Exercice 2.

1- Faux. La majeure est une affirmation de la conjonction. La conclusion n'apporte rien aux prémisses ; elle ne fait que reprendre la majeure. C'est un faux syllogisme, une tautologie.

2- On ne peut pas travailler sous la contrainte et travailler bien,
Or Marcel ne travaille pas sous la contrainte,
Donc il travaille bien.

3- On ne peut pas être musicien sans connaître le solfège,
Or certains chanteurs ignorent tout du solfège,
Donc ce ne sont pas des musiciens.

2- Faux. La majeure est bien la négation d'une conjonction. Mais la mineure devrait poser l'un des termes (ponendo), or ici elle l'exclut.

[(p	∧	q)	∧	p̄]	→	q
v	f	v	f	f	**V**	v
v	v	f	f	f	**V**	f
f	v	v	v	v	**V**	v
f	v	f	v	v	**F**	f

3- Vrai. Ponendo tollens valide.

[(p	∧	q)	∧	q]	→	p̄
v	f	v	f	v	**V**	f
v	v	f	f	f	**V**	f
f	v	v	v	v	**V**	v
f	v	f	f	f	**V**	v

Le syllogisme disjonctif

Voir *Initiation à la logique classique*, T. 1, p. 74-75

Exercice 1. *Tirer la conclusion valide des prémisses suivantes.*

1- Albert est maladroit ou incompétent,
Or il n'est pas maladroit
Donc ....

2- Albert est innocent ou il est coupable,
Or il est coupable,
Donc ....

Exercice 1

1 – Albert est maladroit ou incompétent
Or il n'est pas maladroit,
Donc il est incompétent.

Syllogisme disjonctif large, tollendo ponens, seul mode valide du syllogisme disjonctif large.

$$[(p \lor q) \land \overline{p}] \to q$$

v	v	v	f	f	**V**	v
v	v	f	f	f	**V**	f
f	v	v	v	v	**V**	v
f	f	f	f	v	**V**	f

2- Albert est innocent ou il est coupable,
Or il est coupable,
Donc il n'est pas innocent.

Syllogisme disjonctif strict, ponendo tollens.

$$[(p \lor\!\!\!\!\lor q) \land p] \to \overline{q}$$

v	f	v	f	v	**V**	f
v	v	f	v	v	**V**	v
f	v	v	f	f	**V**	f
f	f	f	f	f	**V**	v

Exercice 2. *Dire si les syllogismes suivants sont vrais ou faux*

1- On peut écouter de la musique à la radio ou en ligne,
Or Jules n'écoute pas de musique à la radio,
Donc il écoute de la musique en ligne.

2 – Un musicien est instrumentiste ou musicologue,
Or Gaspard est musicologue,
Donc il n'est pas instrumentiste.

3 - Les voitures à essence roulent au sans-plomb 95 ou au sans-plomb 98,
La mienne roule au sans-plomb 98,
Donc elle ne roule pas au sans-plomb 95.

Exercice 2

1- Vrai. Syllogisme disjonctif large en tollendo ponens, seul mode valide.

[(p	V	q)	Λ	p̄]	→	q
v	v	v	f	f	**V**	v
v	v	f	f	f	**V**	f
f	v	v	v	v	**V**	v
f	f	f	f	v	**V**	f

2 – Faux. La majeure pose une disjonction large. Le seul mode valide serait le tollendo ponens où la mineure exclut l'un des deux termes. Or, ici la mineure pose le terme.

[(p	V	q)	Λ	q]	→	p̄
v	v	v	v	v	**F**	f
v	v	f	f	f	**V**	f
f	v	v	v	v	**V**	v
f	f	f	f	f	**V**	v

3 – Faux. La majeure pose une disjonction large. Le seul mode valide serait le tollendo ponens où la mineure exclut l'un des deux termes. Or, ici la mineure pose le terme. Voir la table de vérité ci-dessus.

Le syllogisme conditionnel

Voir *Introduction à la logique classique*, T. 1, p. 76-79

Exercice 1. *Tirer la conclusion valide des deux prémisses données.*

1) Si les apprentis logiciens font leurs exercices, ils progressent,
Or ils font leurs exercices,
Donc ....

2) S'il pleut, les touristes n'iront pas en excursion,
Or ils vont en excursion
Donc..

Réponses

Exercice 1

1) Si les apprentis logiciens font leurs exercices, ils progressent,
Or ils font leurs exercices,
Donc ils progressent.

Ponendo ponens

[(p	→	q)	∧	p]	→	q
v	v	v	v	v	**V**	v
v	f	f	f	v	**V**	f
f	v	v	f	f	**V**	v
f	v	f	f	f	**V**	f

2) S'il pleut, les touristes n'iront pas en excursion,
Or ils vont en excursion,
Donc il ne pleut pas.

Tollendo tollens

[(p	→	q̄)	∧	q̄]	→	p̄
v	f	f	f	v	**V**	f
v	v	v	f	f	**V**	f
f	v	f	v	v	**V**	v
f	v	v	f	f	**V**	v

3) Si le soldat n'est pas brave, il ne sera pas victorieux,
Or il n'est pas victorieux,
Donc...

4) Si le soldat n'est pas brave, il ne sera pas victorieux,
Or il est victorieux,
Donc...

5) Si tu es vacciné, tu es immunisé,
Or tu n'es pas vacciné,
Donc...

3) Si le soldat n'est pas brave, il ne sera pas victorieux,
Or il n'est pas victorieux,
Donc…………………………………………………………….

Pas de conclusion possible. La mineure pose le conséquent, or la position du conséquent n'implique pas la position de l'antécédent.

4) Si le soldat n'est pas brave, il ne sera pas victorieux,
Or il est victorieux,
Donc il est brave

Tollendo tollens, car la mineure et la conclusion sont des négations de propositions négatives.

5) Si tu es vacciné, tu es immunisé,
Or tu n'es pas vacciné,
Donc ……………………………………….

Pas de conclusion possible. La mineure exclut l'antécédent or la négation de l'antécédent n'implique pas la négation du conséquent.

6) Si les écoles rouvrent, l'épidémie ne diminuera pas
Or les écoles ne rouvrent pas,
Donc...

7) Si c'est le printemps, les arbres verdissent,
Or c'est le printemps,
Donc...

8) Si on écoute la radio, on ne peut pas travailler sérieusement,
Or Jules écoute la radio,
Donc...

6) Si les écoles rouvrent, l'épidémie ne diminuera pas
Or les écoles ne rouvrent pas,
Donc l'épidémie ne diminuera pas.

Pas de conclusion possible. La mineure exclut l'antécédent, or la négation de l'antécédent n'implique pas la négation du conséquent.

7) Si c'est le printemps, les arbres verdissent,
Or c'est le printemps,
Donc les arbres verdissent.

Ponendo ponens

8) Si on écoute la radio, on ne peut pas travailler sérieusement,
Or Jules écoute la radio,
Donc il ne peut pas travailler sérieusement.

Ponendo ponens.

Exercice 2. *Dire si les syllogismes suivants sont vrais ou faux.*

1) Si les revendications étaient prises en compte, il n'y aurait pas de manifestations,
Or les revendications ne sont pas prises en compte,
Donc il y a des manifestations.

2) Si les gens achètent tout en ligne, le commerce traditionnel périclite,
Or le commerce traditionnel ne périclite pas,
Donc les gens n'achètent pas tout en ligne.

3) Si on se nourrit sainement, on est en bonne santé,
Or toute ma famille est en bonne santé,
Donc toute ma famille se nourrit sainement.

4) Si Gérard poursuit ses études d'architecture, il fera les plans de sa maison,
Or il ne poursuit pas ses études d'architecture,
Donc il ne fera pas les plans de sa maison.

5) S'il y a des flammes, le bois brûle,
Or il n'y a pas de flamme,
Donc le bois ne brûle pas.

6) Si tu cours, tu arriveras à l'heure,
Or tu cours,
Donc tu arriveras à l'heure.

Exercice 2

1) Faux. *La négation de l'antécédent n'implique pas la négation du conséquent.*

2) Vrai. Tollendo tollens.

3) Faux. *La position du conséquent n'implique pas la position de l'antécédent.*

4) Faux. *La négation de l'antécédent n'implique pas la négation du conséquent.*

5) Faux. *La négation de l'antécédent n'implique pas la négation du conséquent.*

6) Vrai. Ponendo ponens.

7) Si tu y croyais, le miracle se produirait,
Or le miracle se produit,
Donc tu y croyais.

8) Si ton pneu était crevé, il serait à plat,
Or ton pneu n'est pas à plat,
Donc il n'est pas crevé.

9) Si tu aimes la nature, tu la protégeras,
Or tu n'aimes pas la nature,
Donc tu ne la protègeras pas.

10) Si on travaille sous la contrainte, on travaille mal,
Or Marcel travaille sous la contrainte,
Donc il travaille mal.

11) Si on veut être un bon musicien, on doit connaître
le solfège,
Or Albert ne connaît pas le solfège,
Donc il n'est pas un bon musicien.

12) Si on est instrumentiste, on est un musicien,
Or Jules est un musicien,
Donc il est instrumentiste.

7) Faux. *La position du conséquent n'implique pas la position de l'antécédent.*

8) Vrai. Tollendo tollens.

9) Faux. *La négation de l'antécédent n'implique pas la négation du conséquent.*

10) Vrai. Ponendo ponens.

11) Vrai. Tollendo tollens

12) Faux. *La position du conséquent n'implique pas la position de l'antécédent.*

Exercice 3. *Dire si les raisonnements suivants sont vrais ou faux.*

1) Comme dessert, je prendrai des fraises, des cerises, ou des framboises
Or je ne prends pas de fraises,
Donc je prendrai soit des cerises soit des framboises
Et finalement je prends des cerises,
Donc, je laisse les framboises.

Exercice 3.

1)
Fraises : p
Cerises : q
Framboises : m

Enchaînement de deux syllogismes : un premier
syllogisme disjonctif large en tollendo ponens valide,

[(p	V	q	V	m]	Λ	p̄]	→	(q	V	m)
v	v	v	v	v	**f**	f	**V**	v	v	v
v	v	v	v	f	**f**	f	**V**	v	v	f
v	v	f	v	v	**f**	f	**V**	f	v	v
v	v	f	v	f	**f**	f	**V**	f	f	f
f	v	v	f	v	**f**	v	**V**	v	v	v
f	v	v	v	f	**v**	v	**V**	v	v	f
f	f	f	v	v	**v**	v	**V**	f	v	v
f	f	f	f	f	**f**	v	**V**	f	f	f

et d'un deuxième syllogisme disjonctif large non
valide.

(q	V	m)	Λ	q	→	m̄
v	v	v	v	v	**F**	f
v	v	f	v	v	**V**	v
f	v	v	f	f	**V**	f
f	f	f	f	f	**V**	v

2) Je vais faire une tarte avec une pâte brisée, sablée, ou feuilletée ;
J'opte pour la pâte brisée,
Donc, je renonce aux pâtes feuilletée et sablée.

2)

Brisée : p
Sablée : q
Feuilletée : m

Apparemment, il s'agit d'une disjonction stricte : on ne peut pas faire une pâte à la fois brisée et sablée, ou à la fois brisée et feuilletée, ou encore à la fois sablée et feuilletée. Mais on peut faire une pâte qui ne soit aucune des trois. Ce n'est donc pas une disjonction stricte, mais la négation d'une conjonction.

$$[(\overline{p \wedge q}) \wedge (\overline{p \wedge m}) \wedge (\overline{q \wedge m})] \wedge p \to (\overline{q} \wedge \overline{m})$$

p	∧	q	∧	p	∧	m	∧	q	∧	m	∧	p	→	q	∧	m
v	f	v	f	v	f	v	f	v	f	v	f	v	**V**	f	f	f
v	f	v	f	v	v	f	f	v	v	f	f	v	**V**	f	f	v
v	v	f	f	v	f	v	f	f	v	v	f	v	**V**	v	f	f
v	v	f	v	v	v	f	v	f	v	f	v	v	**V**	v	v	v
f	v	v	v	f	v	v	f	v	f	v	f	f	**V**	f	f	f
f	v	v	v	f	v	f	v	v	v	f	f	f	**V**	f	f	v
f	v	f	v	f	v	v	v	f	v	v	f	f	**V**	v	f	f
f	v	f	v	f	v	f	v	f	v	f	f	f	**V**	v	v	v

Les équivalences

Voir *Initiation à la logique classique*,
T. 1, p. 68 et p. 80-82

Exercice 1.
Donner au moins une proposition équivalente à :

1) Il est inimaginable de voir E. Macron et M. Le Pen au deuxième tour.

2) Si l'ordinateur retient toutes ses informations en mémoire, il prouve qu'il n'est pas intelligent.

Réponses

Exercice 1.

1) *Loi de De Morgan. La négation de la conjonction équivaut à la disjonction des deux termes niés.*
Il est inimaginable de voir E. Macron et M. Le Pen au deuxième tour.
E. Macron ne sera pas au deuxième tour ou M. Le Pen n'y sera pas.

$$\overline{(p \wedge q)} \leftrightarrow (\bar{p} \vee \bar{q})$$

$\overline{(p}$	$\wedge$	$q)$	$\leftrightarrow$	$(\bar{p}$	$\vee$	$\bar{q})$
v	f	v	**V**	f	f	f
v	v	f	**V**	f	v	v
f	v	v	**V**	v	v	f
f	v	f	**V**	v	v	v

2) *De l'implication à la disjonction*
Si l'ordinateur retient toutes ses informations en mémoire, alors il prouve qu'il n'est pas intelligent.

$$(p \rightarrow q)$$

L'ordinateur ne retient pas toutes les informations, ou il prouve qu'il n'est pas intelligent.

$$(\bar{p} \vee q)$$

$(p$	$\rightarrow$	$q)$	$\leftrightarrow$	$(\bar{p}$	$\vee$	$q)$
v	v	v	**V**	f	v	v
v	f	f	**V**	f	f	f
f	v	v	**V**	v	v	v
f	v	f	**V**	v	v	f

101

3) Le Mont Saint-Michel est normand ou breton.

3) Le Mont Saint-Michel est normand ou breton.
C'est une disjonction stricte.

a - Équivalence entre la disjonction stricte et la négation de deux conjonctions elles-mêmes conjointes.

(p	W	q)	↔	[(p	∧	q)	∧	(p̄	∧	q̄)]
v	**f**	v	**V**	v	f	v	**f**	f	v	f
v	**v**	f	**V**	v	v	f	**v**	f	v	v
f	**v**	v	**V**	f	v	v	**v**	v	v	f
f	**f**	f	**V**	f	v	f	**f**	v	f	v

Il est impossible que le Mont Saint-Michel soit à la fois normand et breton, et il est impossible qu'il ne soit ni l'un ni l'autre.

b - Équivalence entre la disjonction stricte et deux implications jointes.

(p	W	q)	↔	[(p	→	q̄)	∧	(p̄	→	q)]
v	**f**	v	**V**	v	f	f	**f**	f	v	v
v	**v**	f	**V**	v	v	v	**v**	f	v	f
f	**v**	v	**V**	f	v	f	**v**	v	v	v
f	**f**	f	**V**	f	v	v	**f**	v	f	f

Si le Mont Saint-Michel est normand, alors il n'est pas breton **et** s'il n'est pas normand, alors il est breton.

4) Je ne sais pas me décider autrement que par pile ou face,
Ça résout toujours mes hésitations, car pile ou face ne peuvent pas tomber ensemble.

4) Il peut exister deux cas.

1er cas : celui d'un arbitre qui joue à pile ou face dans sa main. Il est impossible que le résultat soit : « ni pile ni face ». Donc, c'est une disjonction stricte.

(p	W	q)	↔	[(p	∧	q)	∧	(p	∧	q)]
v	f	v	**V**	v	f	v	f	f	v	f
v	v	f	**V**	v	v	f	v	f	v	v
f	v	v	**V**	f	v	v	v	v	v	f
f	f	f	**V**	f	v	f	f	v	f	v

2ème cas : la pièce peut tomber dans l'herbe sur la tranche ; ce n'est ni pile ni face. Ce serait la négation d'une conjonction. Mais dans ce cas, l'équivalence avec la disjonction stricte est fausse :

(p	∧	q)	↔	(p	W	q)
v	f	v	**V**	v	f	v
v	v	f	**V**	v	v	f
f	v	v	**V**	f	v	v
f	v	f	**F**	f	f	f

Exercice 2. *Dire si les propositions suivantes sont équivalentes et le vérifier par des tables de vérité.*

1) Il est impossible d'aimer à la fois Dieu et l'argent.

Ou bien on aime Dieu, ou bien on aime l'argent, mais pas les deux.

2) Un petit poisson et un petit oiseau ne peuvent pas s'aimer d'amour tendre
Si je suis un petit poisson, je ne peux pas aimer un petit oiseau d'amour tendre.

Exercice 2

1) La première phrase est la négation d'une conjonction, et la deuxième se présente comme une disjonction stricte. Mais les deux ne sont pas équivalentes puisque, dans la disjonction stricte, « ni l'un ni l'autre » est impossible. Or on peut n'aimer ni Dieu ni l'argent.

2) Les deux propositions sont équivalentes.

$\overline{(p \quad \wedge \quad q)}$			↔	$(p$	$\rightarrow$	$\overline{q})$
v	f	v	**V**	v	f	f
v	v	f	**V**	v	v	v
f	v	v	**V**	f	v	f
f	v	f	**V**	f	v	v

107

Le dilemme

Voir *Initiation à la logique classique*, T. 1, p 83-84

Exercice 1. *Dire si les dilemmes sont vrais ou faux*

1- Il a attrapé la covid parce qu'il ne s'est pas fait vacciner, ou qu'il ne portait pas de masque.
S'il ne s'est pas fait vacciner,
Ou s'il ne portait pas de masque,
Dans les deux cas, il est responsable.

2- Dans un concours de pétanque, lors d'une mène, le joueur tire ou pointe,
S'il tire, il a peur de rater la boule à éloigner,
S'il pointe, il craint de ne pas se placer idéalement au bouchon,
Dans les deux cas, il rate son coup.

3- Par élection ou par coup d'état, le pays a un Président,
S'il y a élection, le pays a un Président,
S'il y a coup d'état, le pays a un Président,
Dans les deux cas, le pays a un Président.
Or, il n'y a eu pas d'élection,
Et il n'y a pas eu coup d'état,
Donc le pays n'a pas de Président.

Réponses

Exercice 1.

1- Vrai. Dilemme positif.

$$[(\overline{p} \lor \overline{q}) \land (\overline{p} \to m) \land (\overline{q} \to m)] \to m$$

2 – Faux. La conclusion va au-delà des prémisses. Il y a quatre et non pas trois variables. « Avoir peur » n'équivaut pas à « rater ».

3 – Dilemme positif : vrai.

$$[(p \lor q) \land (p \to m) \land (q \to m)] \to m$$

Mais, l'enchaînement, sous forme d'un syllogisme conditionnel, est faux car la négation de l'antécédent n'entraîne pas la négation du conséquent.

$$[(p \lor q) \land \overline{p} \land \overline{q}] \to \overline{m}$$

Exercice 2. *Trouver la conclusion à partir des prémisses.*

1- Rodrigue doit tuer le comte ou perdre l'honneur[2],
S'il tue le comte, Chimène le haïra,
S'il perd l'honneur, elle le méprisera,
Donc..

2 – À la fin d'un escape game, pour gagner le pari, les concurrents doivent prendre la porte de droite ou celle de gauche,
Or personne n'a pris la porte de droite, personne n'a pris la porte de gauche,
Donc..

---

[2] Voir *Le Cid*, Corneille, 1637.

Exercice 2.

1-Rodrigue doit tuer le comte ou perdre l'honneur,
S'il tue le comte, Chimène le haïra,
S'il perd l'honneur, elle le méprisera,
Dans les deux cas, il perd Chimène.

$$[(p \lor q) \land (p \to q) \land (q \to m)] \to m$$

2. À la fin d'un escape game, pour gagner le pari, les concurrents doivent prendre la porte de droite ou celle de gauche,
Or personne n'a pris la porte de droite, personne n'a pris la porte de gauche,
Donc le pari n'a pas été gagné.

$$[p \to (q \lor m) \land (\overline{q} \land \overline{m})] \to \overline{p}$$

Exercice 3. *Fabriquer, à partir des prémisses suivantes, un dilemme positif.*

p : thermostat en panne
q : maison mal isolée
m : froid dans la maison

Exercice 4. *Fabriquer, à partir des prémisses suivantes, un dilemme négatif.*

p : mes petits camarades peuvent travailler
q : je leur envoie un courrier postal
m : je leur envoie un courrier électronique

Exercice 3

Ou le thermostat est en panne, ou l'isolation est mauvaise
Si le thermostat est en panne, il fait froid
Si l'isolation est mauvaise, il fait froid,
Dans les deux cas, il fait froid dans la maison.

$$[(p \lor q) \land (p \to q) \land (q \to m)] \to m$$

Exercice 4

Si je veux que mes petits camarades puissent travailler, je dois leur envoyer un courrier postal ou un courrier électronique,
Or je ne leur ai envoyé ni courrier postal, ni courrier électronique,
Donc, ils ne peuvent pas travailler.

$$[p \to (q \lor m) \land (\overline{q} \land \overline{m})] \to \overline{p}$$

113

Table des matières

Première partie. Logique des propositions analysées

Les quatre types de propositions..8
Les jugements opposés..14
Les inférences immédiates..24
Les propositions équivalentes..28
Le syllogisme catégorique..36
Démonstrations des syllogismes..60
Démonstration du baroco..66

Deuxième partie. Logique des propositions inanalysées

Proposition ou jugement hypothétique..76
Le syllogisme hypothétique..78
Le syllogisme conjonctif..78
Le syllogisme disjonctif..82
Le syllogisme conditionnel..86
Les équivalences..100
Le dilemme..108